AF278670

# GUERRE

## AU

# PARJURE

De toutes les iniquités de la terre,
la plus lâche, la plus abominable,
c'est le *parjure*.

## Par RENAULD

Ancien militaire

---

DEUXIÈME ÉDITION

## 50 c.

PARIS

ARNAULD DE VRESSE, LIBRAIRE-ÉDITEUR

55, RUE DE RIVOLI, 55

—

1868

# ARTILLERIE DE FRANCE

## CORPS ROYAL

### RÉGIMENT DE LA FÈRE

#### COMPAGNIE DE RICHOUFFTZ

## DE PAR LE ROI

Ceux qui voudront prendre parti dans le Corps Royal de l'Artillerie, Régiment de la Fère, Compagnie DE RICHOUFFTZ , sont avertis que ce Régiment est celui des Picards, l'on y danse trois fois par semaine, on y joue aux Battoirs deux fois, et le reste du temps est employé aux Quilles, aux Barres, à faire des Armes. Les plaisirs y règnent, tous les soldats ont la haute-paye, bien récompensés, des places de Gardes d'Artillerie, d'Officiers de fortune à soixante livres par mois d'appointements.

*Il faut s'adresser à Monsieur DE RICHOUFFTZ, en son Château de Vauchelles, près Noyon en Picardie. Il récompensera ceux qui lui amèneront de beaux hommes.*

PAREILLES AFFICHES SONT SUR LA PORTE.

A Noyon, de l'imprimerie de P. Rocher, imprimeur de la ville, 1766.

---

Vive la joie et la bataille ! La Cocarde, Va-de-bon-cœur, Sans-Quartier, Beau-Soleil, la Rose, la Tulipe, Franc-Cœur; aimables et héroïques troupiers du bon vieux temps ! Rien ne vous rèssemble dans l'Europe de ce siècle. Supérieurs à tout et à tous, vous promeniez triomphalement vos brillants uniformes de Gardes-Françaises de Picardie, de Champagne ou de Royal-Comtois, vous parcouriez les villes appelant à la gloire les enfants de France.

Bien avant Ponchard et d'une bien autre voix, vous avez chanté :

Ah ! quel plaisir d'être soldat !

Soldats volontaires, vous avez élargi nos frontières, donné à la France des centaines de victoires, à vos têtes se voyaient les Condé, les Turenne, les Villars, les Jean Bart, les Bayard, etc., etc.

La joie et les plaisirs étaient dans vos quartiers.

Le soldat de ce siècle n'a rien de commun avec vous; arraché de sa famille, du lieu qui l'a vu naître, l'ennui, la tristesse, souvent la mutilation, le suicide, voilà sa vie en Europe.

---

Impr. de Maurice Loignon et Cie, rue du Bac-d'Asnières, 12.

# GUERRE AU PARJURE

J'ai connu bien des savants, j'en ai rencontré bien peu qui ne fussent pas absurdes, inconséquents.

Les savants ont plus de génie pour le mal que pour le bien.

Les savants ennemis du peuple sont plus populaires que ceux qui lui sont dévoués.

L'histoire nous fournit des exemples douloureusement frappants de la perversité incroyable que peut atteindre la nature de l'homme qui s'abandonne au dangereux torrent de ses passions. En recherchant, minutieusement, les causes qui ont porté les hommes à commettre les déplorables excès qui tachent leur souvenir aux yeux de la postérité, nous n'en trouvons aucune qui ait produit de plus funestes résultats que l'ambition.

On a dit, bien des fois, que tout homme supérieur devait nécessairement être plus ou moins ambitieux, suivant son mérite dont il doit être le meilleur juge. Nous ne sommes pas éloigné de partager cet avis, parce que notre conviction est que tout homme réellement supérieur est honnête, et que ce sentiment profond d'honnêteté saura toujours maintenir son ambition dans une voie honorable.

Mais qu'il est triste et regrettable d'avoir à reconnaître que l'histoire nous signale peu d'hommes devenus illustres par le seul fait de leurs qualités ou de leurs talents! Ne sommes-nous pas, au contraire, constamment attristés par le récit de toutes les ignominies commises par des misérables qui n'avaient, assurément, aucun droit à être ambitieux? Que d'hommes encore qui ont terni l'éclat de leur nom par des atrocités ou des actes révoltants d'injustice et de cruauté!

Quand l'ambition envahit le cerveau d'un homme d'une nature perverse, attendez-vous à ce que cet homme devienne un fléau pour la société; il atteint en astuce et en férocité des hauteurs que nul n'aurait pu prévoir, ni ne saurait définir! Il n'y a plus, pour lui, rien de sacré, si ce n'est lui. La société et les liens indissolubles qui l'y unissent, disparaissent à ses yeux, et, seule, son ambition reste debout, menaçant, bravant, s'apprêtant à tout surmonter.

Ces observations dépeignent, à peu près, le type des hommes que nous voulons étudier dans le cours de notre ouvrage. Nous y combattons le plus énergiquement possible le parjure, parce que c'est, à nos yeux, un crime qui révolte toutes les consciences et qui attire forcément sur ceux qui s'en rendent coupables, un profond dégoût et le juste mépris de la société intelligente, honnête, vraiment libérale et patriote.

L'homme qui se rend parjure commet la plus atroce des infamies par l'unique raison qu'il n'engage pas que sa destinée, mais qu'il compromet aussi celle du peuple qu'il veut illégitimement gouverner.

Cet acte doit être flétri, parce qu'il ne peut être accompli que par un homme vil et méprisable, qui, n'ayant pas d'honneur à risquer, ne craint point, pour satisfaire son ambition, de jouer avec celui d'un peuple honoré et respecté.

Ce que nous venons de dire prouve que, depuis 1793, les ennemis de la France ne sont pas à la frontière : la France les a dans son sein.

1793 et 1830 ont suffisamment prouvé que l'homme n'est intègre que par l'esprit divin et que, non guidé par ce dernier, sa nature est généralement perverse.

En cherchant, d'après les faits qui se sont produits, les causes qui ont amené les calamités politiques et sociales que nous avons essayé de développer dans ce livre, nous sommes naturellement arrêté par ces deux dates : 1793 et 1830. Ce qui nous frappe, c'est que nous avons vu, à ces deux époques fatalement célèbres, des parjures usurpateurs qui, en détruisant, au profit de la force brutale, le principe du droit sans lequel l'ordre, le bien-être et la liberté sont impossibles, ont amoncelé sur l'Europe, et surtout sur la France, toutes sortes de calamités.

Ils ont inauguré l'ère de l'assassinat politique, traîné sur l'échafaud l'élite des citoyens, mis l'Europe sur un volcan.

Ils ont honoré et glorifié les bassesses et toutes sortes d'infamies, tandis qu'ils abaissaient toutes les grandeurs réelles.

Puis, pour compléter leur œuvre ignoble de spoliation et de démoralisation, ils se sont dépouillés de toute honte et de tout restant de timidité, en se faisant, à la face de tous, parjures usurpateurs. Et cependant, ils savaient bien qu'ils ne pouvaient l'être qu'en devenant assassins et dilapidateurs de la fortune publique !

Pour devenir parjure, il faut avoir tous les vices et le génie de toutes les infamies. Ne sont-ils pas plus coupables que les plus grands criminels, ces hommes qui, venant quelquefois au monde avec les brillants atours des honneurs et de la richesse, ne paraissent point satisfaits de leur sort déjà si beau, et bouleversent les sociétés pour nourrir leur ambition !

Il faut avoir le plus profond mépris pour le peuple, puisqu'on le croit assez lâche et assez corrompu lui-même, pour espérer son approbation. Mais si parfois il est possible de surprendre son jugement et son bon sens, il se réveille tôt ou tard, pour regretter son aveuglement et sa participation à de telles infamies et pour déplorer les maux dont il est la première victime.

Quand on jette un coup d'œil rétrospectif sur des faits aussi inouïs, on se demande vraiment comment ils ont pu être accomplis : car comment le peuple ne s'est-il pas rendu compte que subir l'autorité d'un parjure, c'est le dernier degré d'avilissement et de dégradation ?

Quand un peuple arrive à cette déshonorante humiliation, c'est que la majorité de ce peuple se compose de lâches, d'insensés, d'extravagants et de gens tarés. Comment admettre, d'ailleurs, qu'un homme dont le principe repose sur le déshonneur soit digne de commander et de gouverner un peuple ? Quelque bonnes que soient ses dispositions, il n'en est pas moins certain que son règne sera, par les actes de chaque jour, la digne suite d'un infâme commencement. Quand le principe est inavouable, comment pourrait-il être admis ? Il ne saurait l'être que par des gens sans honneur, et cela est si vrai

que nous sommes profondément convaincu qu'un honnête homme
ne peut-être partisan d'un parjure. Nous en tirons la preuve de
l'impossibilité dans laquelle s'est toujours trouvé le parjure de s'en-
tourer d'hommes intègres. On en a vu sans doute qui ont tous les
dehors et toutes les allures de l'honnêteté; nous savons, Dieu
merci, avec quelle légèreté cette qualification est donnée. Mais ce que
nous affirmons et ce que nous assurons énergiquement, c'est que de
tous ces hommes aucun n'était intègre.

Écoutons d'ailleurs la voix d'un homme qui donne son opinion à
cet égard. Nous trouvons dans une petite brochure judicieuse et très-
spirituellement écrite, due à la plume sympathique de M. Alfred Net-
tement, un passage que nous avons lu avec infiniment de plaisir
parce que nous y rencontrons un jugement impartial.

« Certes, dit-il, la corruption remonte haut dans le règne de Louis-
» Philippe; elle y apparaît dans toute sa plénitude et dans toute sa
» laideur.....

» Alors un véritable encan s'établit. Le gouvernement livra aux
» députés orléanistes les emplois salariés, qu'ils partagèrent aux élec-
» teurs en échange de leur vote en conservant les plus élevés et les
» mieux rétribués pour eux-mêmes. Les députés de la majorité livrèrent
» en échange, à Louis-Philippe, la grandeur extérieure de la France, ses
» libertés intérieures et sa fortune qui servit de solde à toutes les trans-
» actions. Plus de cinquante mille emplois nouveaux furent créés. Le
» budget qui, sous Charles X, n'était que de neuf cent soixante millions,
» s'éleva à seize cents millions et, depuis, la révolution endette la
» France de près de deux cents millions chaque année....

» Dans l'année 1847, les sentines du juste-milieu s'ouvrirent et lais-
» sèrent apercevoir aux regards épouvantés la profondeur du gouffre de
» la corruption.... Le cri échappé de la conscience de M. de Cubières :
» LE GOUVERNEMENT EST DANS DES MAINS AVIDES ET CORROMPUES, fut
» justifié. Le procès Teste révéla à tous les passions cupides qui fer-
» mentaient dans les âmes. et les progrès de la plaie sociale. DIX
» autres procès presque aussi déplorables achevèrent l'enseignement
» dont le peuple, toujours trompé, n'a pas su profiter puisque sa lec-
» ture favorite est toujours les journaux révolutionnaires. »

Nous empruntons aux œuvres de Napoléon III, dans son livre
ayant pour titre : *La Paix*, le passage suivant :

« Disons, en terminant, à ceux qui nous gouvernent : Vous n'êtes
» pas des hommes de paix, car vous n'êtes pas capables de concevoir
» ni d'exécuter un de ces grands projets qui assurent la tranquillité
» du monde. Vous avez COMPROMIS L'AVENIR DE LA FRANCE, en la lais-
» sant isolée en Europe, et en épuisant le pays par des travaux
» de guerre qui n'ont pas même la guerre pour objet. »

Voilà le tableau saisissant des conséquences du parjure. N'avons-
nous pas le droit de dire après cela que pas un des hommes qui sou-
tiennent le parjure n'est intègre? Comment! m'écriai-je un jour,
répondant à quelqu'un qui croyait me blesser en me traitant de légitimiste, vous croyez m'insulter en me qualifiant de légitimiste : mais
il n'en est rien, vous me faites, au contraire, le plus grand honneur;
car un légitimiste ne veut et n'admet qu'un principe : l'inviolabilité
de chaque citoyen comme du trône. En respectant le droit de tous, nous
arriverions à être un peuple modèle. Sous la légitimité chacun est
en possession de ses droits, sans que personne cherche à les lui
discuter. Que voit on sous nos parjures? le droit remplacé par la force,

toujours, toujours; chaque fois que vous avez attaqué la légitimité, c'est-à-dire le seul principe qui pût assurer l'ordre, le bien-être et notre honorabilité, vous avez mis en jeu les droits légitimes de tous les citoyens. Mieux que cela, le parjure se les est souvent appropriés. Nous voilà ainsi divisés en deux camps parfaitement distincts : l'un, composé de gens qui respectent le bien d'autrui, l'autre, au contraire, qui s'en emparent chaque fois qu'ils en trouvent l'occasion. De quel côté se trouvent les honnêtes gens?

1793 et 1830 sont, nous ne saurions trop le répéter, la source de toutes les servitudes, de toutes les calamités sociales qui depuis longues années énervent ou accablent la France et même l'Europe, car le parjure, exalté, triomphant chez nous, est devenu un exemple que nos voisins se sont empressés de suivre. Nous trouvons naturellement l'occasion de dire ici que la France par ses richesses, sa position et sa grandeur intérieure, œuvre de nos rois, devrait diriger les mouvements de l'Europe entière. Diminuée, appauvrie par de terribles révolutions, des guerres ruineuses, elle n'en est pas moins restée, tant ses ressources sont inépuisables, la nation vers laquelle les yeux de toutes les puissances sont constamment fixés. Ne tiendrions-nous pas, incontestablement, le rang suprême, si nous avions su éviter tous ces fléaux désastreux. Écoutez l'opinion de l'un des hommes les plus éloquents de notre époque, M. É. Ollivier :

« Supposez, dit-il, la France n'ayant eu à traverser ni les guerres
» de la Révolution, ni celles de l'Empire, ayant économisé les millions
» d'hommes et les millions d'écus qui s'y sont engloutis ; quelle nation
» jouirait d'une prospérité, d'une liberté comparables? Que de pro-
» blèmes résolus, qui n'ont pas été abordés! Combien de champs ne
» seraient plus en friche? Que d'écoles fondées! Combien de nos
» frères rachetés de la misère! Et pour quelques pages qu'il faudrait
» regretter dans notre histoire, combien il en est que nous serions
» trop heureux de n'y point lire! »

Que d'éloquentes vérités en quelques lignes! Quel peuple nous égalerait, en effet, si tous ces fléaux nous avaient été épargnés? Ils eussent été à coup sûr écartés si la légitimité avait été respectée, car tous ces revers et toutes ces causes désastreuses ne sont-ils pas le fruit du parjure? N'avons-nous donc point raison de dire que là se trouve la source de tous nos maux, et que 1793 et 1830 sont deux dates dont les conséquences ont eu les plus funestes résultats pour la France. Nous pouvons même ajouter et pour l'Europe, car au lieu de lui donner le spectacle d'une nation riche, libre, estimée, forte et légitimement gouvernée, pratiquant absolument les principes sacrés du droit, la révolte n'a su faire triompher que ceux de la force brutale. Nos voisins devaient fatalement suivre ce funeste exemple, en foulant aux pieds les droits les plus reconnus.

Le Piémont, modeste, mais très-prospère jadis, se parjure en chassant de Naples et d'autres États des princes légitimes. Qu'en est-il résulté? L'Italie se sent écrasée sous sa misère et, comme la France révolutionnaire, paye déjà, par ses insurmontables embarras, un moment d'égarement et d'ambition. Non satisfaite des résultats, déjà plus que suffisants, de 1859, elle se prête aux menées de la Prusse et nous voyons, encore une fois, la force brutale triompher en dépit du droit. Qu'avons-nous gagné à cela? l'inquiétude que doit nous inspirer un État voisin que nous avons fait puissant et qui devient un dangereux rival, par la raison que l'ambition et le parjure, détruisant chez lui toute espèce d'honorables sentiments, effaceront celui de la reconnaissance pour faire place à la jalousie, à la cupidité.

L'unification de l'Allemagne est le résultat d'un parjure qui rejette la France du premier rang au second, qui ruine nos finances, compromet nos libertés et nous livre à tous les tâtonnements et aux hésitations du hasard et de l'imprévu.

De telle sorte qu'aucun citoyen, ni même aucune nation, ne peut aujourd'hui, quelque forte qu'elle soit, compter sur son lendemain.

Voilà, nous le dirons encore et toujours, les effets du parjure. Qu'il est regrettable que tous ces maux, difficiles à éviter, n'aient point été écartés!

Si Louis-Philippe n'eût pas été incapable d'un mouvement honorable et même d'une idée intelligente, il eût compris, aussitôt que la révolte criminelle de 1830 fut accomplie, l'état avilissant dans lequel il avait été placé. Une fois la folle effervescence passée, le désir satisfait dissipé, cet accapareur de couronne aurait pu sortir de cette situation déshonorante pour lui et pour la France, en adressant au peuple une proclamation dans laquelle il aurait expliqué et démontré qu'en violant les droits légitimes du roi, on avait également mis en question ceux de tous les citoyens et qu'en dehors du droit, l'ordre, le bien-être et la liberté sont impossibles.

Un tel acte aurait couvert Louis-Philippe d'une gloire sans égale, et l'histoire, au lieu d'avoir à flétrir impitoyablement sa mémoire et celle de ses complices, l'eût au contraire signalé à la postérité comme un prince sage, patriote et vertueux.

Mais la nature de l'homme sans principes est si fatalement sotte et pervertie, qu'il n'y a pas d'exemple qu'un usurpateur ait renoncé, spontanément et de sa propre volonté, à jouir du fruit de son infamie. Aussi, chose remarquable et que l'on se plaît à constater, tous ces hommes ont fini comme ils avaient vécu, honteusement, misérablement.

Des insensés ont blâmé Louis-Philippe de ce qu'il n'avait pas fait sanctionner par la voix du peuple son avénement au trône. Non-seulement nous ne lui ferons pas le même reproche, mais nous le remercions bien sincèrement, au contraire, d'avoir évité au pays la honte de participer d'une manière si directe à son parjure infâme, cause d'horribles maux. Cette réserve est la seule chose dans sa vie dont nous puissions le féliciter.

Nous terminons notre aperçu par l'énoncé rapide des événements qui se sont succédé depuis 1789. La Révolution s'est comblée de honte, en assassinant un roi qui était, sans contredit, l'homme le plus vertueux, et le seul qui pût assurer le bien-être, l'ordre, la liberté et le bonheur de la France. Mais, comme si cela ne suffisait pas et qu'il fallût un cortége de martyrs digne de cette victime, les hommes les plus éminents et les plus dignes furent également sacrifiés. Quel bien en a-t-on tiré? Vainement nous le cherchons!

L'empereur Napoléon a récemment dit que la Révolution devait nous donner de l'expérience, et que, par cela seulement, elle était salutaire. C'est aussi notre avis, mais cela veut-il dire que nous sommes plus expérimentés et que nous ayons profité des leçons que ces tragiques et horribles événements nous ont fournies? Nous ne le pensons pas. Jusqu'à présent, nous n'avons tiré d'autre profit réel que la honte d'avoir commis de féroces attentats.

D'autres, et en grand nombre, prétendent que la Révolution a été un grand bien pour la France! Nous serions bien aise, pour notre édification personnelle, que l'on voulût bien nous le démontrer. En attendant cette démonstration, si ardemment désirée, nous nous permettrons d'énoncer les faits qui, selon nous, découlent de la Révolution :

Nous avons vu combattre et périr quatre millions de jeunes gens pour opprimer leurs concitoyens et s'opprimer eux-mêmes. Nous ne voulons pas essayer de dire si, pendant cette longue période de temps, la France avait la jouissance de ses libertés. Il nous suffit de rappeler la loi des suspects, laquelle mettait la liberté, la vie du peuple à la merci des usurpateurs.

Nous arrivons ainsi à l'invasion. Elle est à Paris! La France dégagée de ses entraves rappelle son roi légitime qui, lui, rétablit ses libertés, le règne du droit sacré et par conséquent celui de la justice. Tous ces bienfaits que la France avait depuis longtemps oubliés lui ont été rendus, donnés, par qui? par le rétablissement du principe du droit.

Voilà à quoi avait abouti cette lutte gigantesque de vingt ans. Toutes les victoires retentissantes avaient amené un résultat qui couvre à tout jamais le parjure de honte.

Une honte pire encore, c'est celle d'avoir méconnu les bienfaits de notre meilleure situation, en renversant, en 1830, un trône dont l'origine et le principe nous assuraient la perpétuité de ce bien-être.

Le parjure de 1830 se prévalait de n'avoir pas, comme ses aînés, assassiné ceux qu'il chassait de leur trône, et il se glorifiait, bien haut, d'une modération qu'il proclamait comme une extrême magnanimité. Ses conséquences n'en sont pas moins aussi désastreuses par les calamités de toutes sortes qui accablent l'Europe.

Les victimes de cette cabale infâme ne pouvaient-elles pas, et avec raison, jeter au visage de leurs persécuteurs ces vers du grand Corneille qui semblent ne pouvoir être mieux placés :

> On ne m'a que bannie! ô bonté souveraine!
> C'est donc une faveur, et non pas une peine;
> Je reçois une grâce au lieu d'un châtiment,
> Et mon exil encor doit un remercîment!

> Ainsi l'avare soif d'un brigand assouvie,
> Il s'impute à pitié de nous laisser la vie!
> Quand il n'égorge pas, il croit nous pardonner,
> Et ce qu'il n'ôte pas, il pense le donner.

La France respira un instant sous les règnes de Louis XVIII et de Charles X; elle se releva plus puissante que jamais, mais elle devait recommencer sa carrière de misère après la révolte de 1830 : on sait tout ce que le règne de l'usurpation nous a valu de honte.

# Depuis 1793 les ennemis de la France sont en France, et non à l'étranger.

Rien n'égale la férocité du peuple révolutionnaire de Paris, si ce n'est sa légèreté, sa versatilité ; il n'a su se donner que terreur par l'assassinat, l'incendie, la dévastation, puis l'absolutisme. Pour le justifier on dit qu'on l'a trompé. Eh ! qui donc l'a trompé ?

De tous les malfaiteurs, les plus funestes à la civilisation, à l'ordre, au bien-être, à la liberté, à la patrie, au progrès, ce sont les révolutionnaires. Luther, Calvin, 1793, 1830, en sont la preuve.

Là où étaient l'union et la fraternité, les premiers ont jeté la division et la haine entre les chrétiens, causes premières de toutes les calamités qui depuis affligent l'Europe, et sans cette division des chrétiens, les horreurs de 1793 n'eussent pas eu lieu.

1793, en créant la république là où était l'union monarchique, a divisé la France en deux camps ennemis.

1830, en créant un nouveau parti, a augmenté la division et rendu le bien-être et la liberté de plus en plus impossibles. On a vu le savant professeur Laboulaye enseigner et publier « que le gouvernement qui avait le plus fait pour la liberté était celui de Louis-Philippe, » et c'est l'opinion de bien des professeurs de droit, de médecine, etc. Que l'on s'étonne ensuite de l'abaissement moral et intellectuel dans lequel croupissent la plupart des étudiants, etc.

Au contraire, la source de toutes les servitudes nouvelles qui accablent l'Europe et la France en particulier, c'est 1830 !

Quand un révolutionnaire me dit avec *orgueil :* « Je suis libéral moi, » vraiment, lui dis-je, mais alors, vous êtes du parti de tout le monde, et je vous défie de trouver un homme qui consente à être opprimé, qui n'aime pas sa liberté ! Vous vous dites aussi patriote ? Vous êtes encore, sans vous en douter, comme tout le monde, et je défie de trouver un homme qui n'aime pas sa patrie ! Vous vous dites démocrate ? Pourquoi ? pour jeter la division et la haine entre les citoyens ! PIPERIE que toutes ces dénominations : les journalistes qui les ont créées et ceux qui s'en affublent sont des ennemis de la liberté, des traîtres à la patrie, des exploiteurs.

Les écrivains, les orateurs révolutionnaires et les propagateurs de l'athéisme sont des êtres malfaisants ; ils sont à la liberté, à la fraternité, au progrès, à l'humanité, à la civilisation ce que sont à l'agriculture les charançons, les chenilles, les vers blancs, les hannetons, les sauterelles d'Arabie et autres insectes destructeurs des récoltes.

Qui attaque les classes dites démocratiques ? Personne : le clergé, la noblesse, les catholiques, sous Charles X, donnaient chaque année 7 à 8 millions aux classes populaires, tandis que les chefs révolutionnaires n'ont fait de ces classes que chair à canon, serfs taillables et corvéables à merci !

Toutes nos franchises, toutes nos libertés, toutes nos gloires sont œuvres de nos rois !...

Toutes nos servitudes, toutes les tyrannies sont œuvres révolutionnaires, et j'affirme qu'il n'y a pas un seul révolutionnaire politique d'intègre; quarante ans d'études faites dans toutes les classes, dans toutes les professions me l'ont démontré; et j'affirme, en outre, que tout homme indifférent en politique et en religion n'est pas intègre.

J'ai constaté que tout ouvrier, que tout employé civil, militaire, d'administration, etc., qui ne remplissait pas laborieusement le temps qu'il devait, volait ainsi ceux qui l'emploient. J'ai constaté que tout patron révolutionnaire trompe ses clients, que tout propriétaire sans principes religieux et politiques exploite indignement ses locataires, que tout écrivain révolutionnaire est un tartufe de libéralisme, enfin, que des rangs des provocateurs de nos troubles sociaux, des athées et des indifférents sortaient tous les malfaiteurs, les voleurs, les assassins et les usurpateurs.

Si vos intérêts vous obligent à occuper de ces gens-là, méfiez-vous d'eux, ne leur accordez qu'une confiance restreinte; autrement vous serez dupé.

Les journalistes qui dénigrent systématiquement le souverain légitime, la noblesse, le clergé, l'autorité, les notables citoyens, sont de mauvaise foi et capables de voler.

Les militaires et autres employés qui dénigrent leurs chefs, tout chef qui abuse de son autorité, etc., etc., ne sont pas intègres. Aimons-nous les uns et les autres; quelles que soient la profession et la classe dont nous faisons partie, concourons tous dans la force de nos facultés au bien général. Plus de haines entre nous ?

Rappelons-nous qu'en fait de gloire, d'honneur, de patriotisme, de libéralisme, de fraternité, la noblesse française, peut en remontrer à toutes les noblesses, à tous les peuples de la terre ; aussi tous les nobles cœurs roturiers estiment tous les nobles cœurs titrés; le révolutionnaire a beaucoup d'orgueil, jamais un noble cœur.

Les révolutionnaires sous Charles X étaient avec les Anglais ; depuis, ils sont tour à tour Américains, Juaristes, Garibaldiens, Prussiens, Italiens; Français, jamais! ce qui a fait croire que la presse révolutionnaire était vendue à l'étranger, cause des misères qui nous accablent.

Maintenant on peut affirmer, sans la moindre exagération, que l'Europe civilisée n'a jamais présenté un spectacle plus triste et plus scandaleux que celui auquel nous assistons.

Qu'y a-t-il, en effet, de plus scandaleux, de plus triste, de plus navrant, que de voir, au milieu d'un abaissement général des consciences, le droit partout opprimé, la force brutale partout triomphante, la corruption partout sur le pavois, et la soif de l'or étouffant dans les âmes les aspirations les plus nobles, comme l'ivraie étouffe le bon grain dans les champs mal cultivés ?

On parle de paix et partout on construit des forteresses, on discute des lois militaires, on épuise les finances dans des armements insensés. Les nations se ruinent pour arriver à s'entr'égorger; à quoi faut-il imputer la faute de cette effroyable politique? au parjure, fruit révolutionnaire!

L'homme à l'état de nature, quoi qu'en dise J.-J. Rousseau, n'est qu'une variété de la brute; il est même plus féroce que tous les animaux carnassiers, tels que le tigre, le loup, la hyène; car ceux-ci ne tuent pas, ou rarement, leurs semblables, tandis que l'homme dépourvu de principes tue son frère, soit par ambition, soit par vengeance, soit par désir de le voler.

L'homme à l'état de nature est le plus hideux des êtres : c'est un monstre à barbe inculte, aux cheveux en désordre, aux ongles longs et fourchus, qui pousse des cris inarticulés et grimace d'une horrible manière. Aux jours sinistres de révoltes on voit apparaître en nombre incroyable de ces figures-là : auxiliaires de destruction, les plus actifs instruments des chefs de révolutions.

A l'état de nature, il est au-dessous des bêtes : la beauté physionomique de l'homme est le résultat de la civilisation; les animaux, au contraire, offrent d'autant plus leur physionomie distinctive qu'ils sont plus indépendants.

L'homme à l'état de nature est comme l'arbre fruitier. Abandonnés dans les bois incultes, les poiriers, les pommiers, etc., produisent des fruits âpres et disgracieux; greffés et cultivés dans des jardins, ils portent des fruits savoureux et d'un aspect séduisant. La greffe de la civilisation produit chez l'homme ce même changement merveilleux : versez dans son cœur le respect des droits légitimes, et vous le perfectionnerez et vous en ferez un être utile, bon, intelligent par excellence.

Ce qui le distingue et l'honore, c'est d'avoir eu le génie de s'arracher en partie, à cet état d'abjection dans lequel cependant l'esprit révolutionnaire tend sans cesse à le rejeter.

Le révolutionnaire, dans la société, conserve et montre tous les goûts de l'homme sauvage : c'est un animal foncièrement égoïste; il s'aime lui-même et lui seul, au détriment de tout ce qui l'entoure; il rapporte tout à son individu. Si rien ne lui fait obstacle, il marchera dans une voie honteuse et coupable ; il roulera, de conséquence en conséquence, jusqu'au fond du gouffre, jusqu'à la destruction qui est le dernier terme de toutes ces choses. S'il se présente un obstacle à ses désirs, à son ambition, il le brise, fût-ce son coreligionnaire : c'est le spectacle que nous ont offert les conventionnels.

Citons ici les paroles nationales du Roi Louis XV.

« Si jamais la nation française, dit Louis XV, éprouvait ce malheur (l'extinction de la dynastie), ce serait à la nation même qu'il appartiendrait de le réparer *par la sagesse de son choix;* et puisque les lois fondamentales nous mettent dans une heureuse impuissance d'aliéner le domaine de notre couronne, nous nous faisons gloire de reconnaître qu'il nous est encore moins libre de disposer de notre couronne même. *Nous savons qu'elle n'est à nous que pour le bien et le salut de l'Etat,* et que par conséquent l'Etat seul aurait le droit d'en disposer dans un triste événement que nos peuples ne voient qu'avec peine. Nous croyons donc *devoir* à une nation si fidèlement et si inviolablement attachée à la maison de ses rois, *la justice de ne pas prévenir le choix qu'elle aurait à faire.* » (Edit de 1717.)

Voilà une des mille manifestations du patriotisme de nos rois !

Dis-moi qui tu lis, je te dirai qui tu es; proverbe bien vrai. Aussi méfiez-vous de tout abonné à un journal révolutionnaire, dénigrant les hommes et les choses les plus respectables; cet abonné ne peut être de bonne foi, à moins d'être extravagant.

J'ai eu des rapports avec plusieurs célébrités dites démocratiques; je n'ai trouvé en eux que de malhonnêtes gens. Indigné de leurs méfaits, j'ai envoyé aux hommes de leur société une plainte dans laquelle je prouvais qu'ils m'avaient indignement spolié et que par conséquent si leurs amis avaient de l'honneur, ils devaient les expulser de leur compagnie. A cette foudroyante accusation les coupables ont prudemment gardé le silence. Innocents, ils m'eussent attaqué, et si je ne les nomme pas ici, c'est dans la crainte d'un refus de la part de l'imprimeur.

La *Marseillaise* est le chant des forçats et de la jeunesse inexpérimentée. (Voir la *Gazette des Tribunaux*, du 12 avril 1868.)

Ce qui prouve l'extrême étourderie sociale, c'est l'immense organisation des peuples en ASSASSINS D'EUX-MÊMES, œuvres de ruines révolutionnaires, condamnées par la *fraternité catholique*, seul principe d'amour entre les peuples; là seulement existe l'unité, la vie.

Les gouvernements qui maintiennent la division entre les chrétiens manquent à leur mission; car tant que nous serons divisés en plusieurs églises, il y aura lutte et sang versé. Aussi ceux qui favorisent cet état de choses s'attirent-ils la malédiction divine et humaine.

Rome catholique est la capitale, l'âme du monde civilisé: que les nations n'en fassent qu'une en se groupant autour du trône pontifical, peuples et rois seront libres, seront affranchis de toutes servitudes.

# L'AGRICULTURE EN FRANCE DEPUIS DEUX SIÈCLES ET DEMI.

L'Agriculture, le premier des Arts, fut la grande préoccupation de nos rois. Cent soixante édits se succèdent à l'effet de réglementer le commerce des grains. Le problème à résoudre était de faire produire en France en abondance tout ce qui était nécessaire et convenable à la vie, plus un excédant qu'elle pût exporter au dehors ; ce résultat fut si bien atteint qu'en 1621, le pays put vendre à l'Angleterre une grande quantité de blés.

Henri IV, l'ami du laboureur, et son ministre Sully, dont les noms sont inséparables, firent de l'agriculture leur principale préoccupation ; aussi donnent-ils l'élan du progrès.

Louis XIII, à un autre point de vue, vint également en aide au développement de l'art agricole. Il allait avec Claude Mollet planter et greffer des arbres qu'il lui paraissait intéressants de multiplier dans le pays. Par ses ordres, le Hollandais Van-Ens desséchait la rive gauche du bas Rhône, et en même temps il créait à Paris le Jardin des Plantes.

Sous Louis XIV et sous l'habile direction de Colbert, l'art agricole et forestier prit des proportions administratives inconnues jusqu'alors.

Louis XV se fit aussi le protecteur des intérêts agricoles ; il fut l'un de ces promoteurs les plus habiles et les plus ardents. Il fonda la Société royale et centrale d'agriculture et de pépinières. Louis XV était encore brave, humain, aimable, il ne lui a manqué que la chasteté pour être un grand homme.

Louis XVI fit faire des recherches dans toutes les parties du monde, principalement en Amérique. Les Jésuites et André Michaud envoient des plantes et des graines propres à être naturalisées en France.

Le xviiie siècle fut pour l'agriculture l'ère de la science : Réaumur, Buffon, Varennes de Fenille, Duhamel, Dumonceau, Lamoignon de Malesherbes, Dumont, de Courset, Parmentier (1), s'appliquèrent à découvrir les secrets de la science appliquée à l'agriculture, mais les désastres de la Révolution paralysèrent, pour vingt ans, la marche du progrès agricole.

Après les guerres de la Révolution, à partir de 1815, le progrès interrompu par la mort de Louis XVI reprend son essor. La paix fut l'élément le plus fécond des améliorations dans la science agricole, et avec elle tous les genres de progrès se produisent : la vapeur, le gaz, les chemins de fer, l'électricité, la photographie, les omnibus. On perfectionne la mécanique, jusqu'alors si arriérée, la fabrication du sucre de betterave dont le prix tombe de 6 francs à 70 centimes le demi-kilogramme ; 40,000 bureaux de poste créés, les comptabilités civiles et militaires perfectionnées, 20,000 écoles gratuites sont fondées, des écoles régimentaires sont créées où l'on

___

(1) Plusieurs de ces bienfaiteurs de l'humanité furent guillotinés en 1793.

double la solde des soldats qui veulent bien les fréquenter, où des recrues, qui ne savaient ni lire ni écrire, deviennent sous-officiers comptables et officiers. L'avancement, abandonné jusque-là au bon plaisir, est réglementé au profit de l'ancienneté : création au profit des recrues de six mois de leçons d'armes gratuites, la fortune publique doublée, le crédit relevé, les finances prospères, les dettes de la France réglées et payées, les mers libres, le commerce florissant, la confiscation abolie, la liberté de parler et d'écrire rétablie, la liberté individuelle garantie... Que de merveilles produites, que nous ne mentionnons même pas !

Louis XVIII renoua encore la chaîne du progrès agricole; il fonda l'École forestière de Nancy. Charles X, son successeur, fonda la Société d'horticulture; puis arriva la révolution de 1830 !!! Preuve qu'une seule chose ne s'était pas perfectionnée : c'était l'esprit révolutionnaire.

A la chute du roi légitime, en 1830, la noblesse brise son épée, dépose la toge, prend en main les mancherons de la charrue; de grands noms se font cultivateurs, fondent des comices agricoles sur tous les points du territoire, distribuent des primes d'encouragement, et l'on voit surgir des écoles et des instituts agricoles. Ces utiles créations sont d'abord dédaignées par le gouvernement de 1830; mais les désastreuses récoltes de 1847 à 1853 en font reconnaître le mérite et les bienfaits.

L'état de langueur, la souffrance de l'agriculture sont, on ne saurait le contester, le résultat de nos révolutions depuis 1793, de nos querelles intestines, qui ont forcé tous les gouvernements qui se sont succédé à dépeupler les campagnes en ravissant la liberté de l'élite de la jeunesse agricole pour en faire des soldats non-seulement improductifs, stériles, mais encore ruineux pour la nation.

L'Algérie, sous Charles X, serait aujourd'hui notre grenier d'abondance; la révolution n'a su que stériliser la conquête du roi et en faire un champ de mort. Il est démontré qu'elle n'a de capacité que pour le mal.

Ce sont les frais d'entretien de nos immenses armées qui ont, depuis trois quarts de siècle, surchargé d'impôts l'agriculture et les diverses industries, à ce point que, sur trente-sept millions d'habitants, vingt millions sont plus ou moins malheureux. Voilà à quoi ont abouti toutes nos divisions, toutes nos haines, toutes nos luttes : nos misères n'ont pas d'autre cause que la perversité des uns, l'ignorance (1) et la stupide crédulité des autres.

Pour arriver à l'apaisement social, pour développer le sens moral, pour faire fleurir l'agriculture et l'industrie, pour que la vie soit à bon marché, que le bien-être soit partout, que la jeunesse soit libre de ne pas être soldat et que l'état militaire soit une noble carrière, assurant l'avenir des braves qui l'embrasseraient, pour que l'agriculture soit affranchie de tout impôt, il faut fonder l'enseignement professionnel et moral. Tout est là.

_______

(1) La plupart des savants sont des ignorants en économie ; sur trente étudiants, il y a vingt-neuf ignorants; sur trente avocats, il y en a vingt-huit : et c'est cette classe qui domine tout, qui dirige tout!